아포리아 숲

책만드는집
시인선 012

이송희 시집

아포리아 숲

책만드는집

| 시인의 말 |

피 흘리는 삶의 현장에서
방부제로 살았던 시인들 앞에 서면
고개가 숙여진다.

상처 없는 생은 없다고 믿는다.
상처에 소독약을 들어부을 때
쓰리고 따끔하게 속살은 자라난다.

가난과 외로움이 나를 키웠다.
생각을 두드려 세상에 시어를 새기는 일은
재생을 경험하는 일이다.
내게 시는
꼬리를 절망의 밤에게 뜯기고
희망의 아침으로 도망친 도마뱀 같다.
시 쓰는 시간은 잘린 꼬리의 아픔과
자라나는 꼬리의 희망을 동시에 맛보는 시간이다.

—2011년 10월
이송희

| 차례 |

5 • 시인의 말

1부

13 • 토끼의 간
14 • 아포리아 숲
16 • 베토벤 바이러스
17 • 뫼비우스 띠
18 • 가면무도회
20 • 광마우스
21 • 물고기 화석
22 • 출구는 없다
24 • 햄버거
25 • 이동식디스크
26 • 빙점
28 • 조용한 가족
30 • 물 먹는 하마
32 • 동에 번쩍, 홍길동!
33 • 분리수거
34 • 즐거운 전화

2부

37 • 혀
38 • 그림자놀이
39 • 자기소개서
40 • 밤의 몽타주
42 • 검은 고양이 네로
43 • 견고한 벽
44 • 집새우게거미
46 • 그믐의 시간
48 • 편집후기
49 • 금 간 시간의 화법
50 • 바닥
52 • 미끄럼틀
53 • 거미의 길
54 • 금 간 거울
56 • 따뜻한 슬픔
58 • 고장난 시계

3부

63 · 5월, 그날
64 · 뭉크의 겨울
66 · 시조시인 구보 씨의 일일
68 · 타인의 방
69 · 마음의 사막
70 · 별이 빛나는 밤
71 · 도서관에서
72 · 무당거미
74 · 바이러스
76 · 편백나무 숲에서 길을 잃다
78 · 김유정역
80 · 열쇠
81 · 폭설에 갇히다
82 · 아달린의 방
84 · 노을
86 · 카프카들

4부

- 91 · 잃어버린 거울
- 92 · 물방울에게 길을 묻는다
- 94 · 슬픈 식욕
- 96 · 주름
- 98 · 개기일식
- 99 · 겨울, 안부를 묻다
- 100 · 손금
- 101 · 물고기자리
- 102 · 저물녘의 시
- 103 · 펜
- 104 · 그믐달
- 105 · 무화과 열매의 꿈
- 106 · 둥근 거울
- 107 · 몽고반점

- 108 · 해설 _ 이승하

1부

토끼의 간

간밤엔 벼룩에게도 간 빼 먹힌 사내가

굶주린 밤 움켜쥐고 벽을 향해 기어가서 앓아누운 용왕의 전화번호를 찾는다 간 팝니다 물기 젖은 간, 수궁가를 부르는 간, 전화기 속 별주부가 그의 간을 자르고 연체된 이자와 한숨까지 자를 때 콩알만 해진 간으로 전화기를 놓는 사내, 두 살 아이 분유통을 물끄러미 바라보다 몇 달 밀린 방세를 생각하며 다시 또 전화 걸고……

햇살에 널어 말리던 간, 온몸을 휘감는다

아포리아 숲

적막이 우거진 길을 한 사내가 걸어간다

구불구불 이어진, 빽빽한 숲을 헤쳐

자정이 훌쩍 넘도록 잠 못 드는 젖은 눈빛

실시간 검색창을 온종일 들락거리는

별들의 이름을 습관처럼 두드린다

우르르 쏟아져 나오는 별들의 이야기

로딩 중인 달이 뜨면 숲길도 환해질까

어둠이 울을 친 길 끝에서 흔들리는 문

실직의 문장 몇 개가 싸늘히 식는다

사내를 쳐다보는 모니터 속 아바타

얼굴의 절반을 화면 속에 담근 사내

당신의 앓는 소리도 반복 재생 중이다

베토벤 바이러스

빗길에 미끄러진 소식들만 담을 넘고
굵고 질긴 빗줄기가 야윈 목을 감는 저녁
두 귀를 걸어 잠근 채
등 돌리고 걷는 사람들

빗속에 귀가 잘리고
말들도 토막 나고
한숨도 울음소리도 네게로 되돌아가고
오래된 금성라디오처럼
자기 말만 틀어댄다

귀 없는 섬들이 둥둥 도시를 떠다닌다
서로의 귀를 향해 입을 여는 귀들이
한때는 귀가 있었노라고
귀걸이를 매단다

뫼비우스 띠

입에 발린 말들이 껌처럼 들러붙었지

낙하산 탄 사람들이 자리 깔고 앉아서 학연과 지연에 얽힌 내력을 풀고 있지 질기디질긴 연들을 하늘 높이 띄웠지 연결어미로 이어진 시간의 계보들 휘날리는 문장력에 수울~술 넘어갔지 얼레에 감긴 하루를 수울~술 풀어 날렸지 단물이 빠질 때까지 질근질근 씹던 문자 뒤얽힌 생각 몇 줄을 풀고 또 풀었지 입에 발린 말들 뒤로 달라붙는 혓바닥

익숙한 길들만 모여 똬리를 트는 밤

가면무도회

끝없는 초원 위, 가면을 쓴 게르*에서

당신은 그 누구도 알아보지 못합니다

이름을 바꿔가면서 다른 사람 되는 사내

비웃고 화낼 때마다 불 튀기는 갑골문자

얼굴에 철가면 쓰고 소문들을 용접하며

피멍 든 댓글 몇 개에 부메랑을 날립니다

먹잇감 사냥하며 노려보던 들판은

한순간에 불 꺼진 밤, 폐허만 뒹굴고

싸늘한 치사량의 바람이 야윈 목에 감깁니다

* 몽골족蒙古族의 이동식 집. 중국어로는 파오包라고 한다.

광마우스

어둠 속에 있을 때면 두 눈에 빛이 나지

탐욕의 눈 반짝이며 냄새를 따라가다 쥐약 묻은 생선 머리 식욕을 저당 잡혀 한 토막 황홀함과 불안감을 씹는다 사대강 물줄기 따라 흘러가는 반값 등록금 모두가 잠든 마을 쥐 죽은 듯 조용한 밤 날카롭게 갉는 소리, 대들보 허무는 소리, 눈 못 뜬 바람들만 청계천에 흘러들고 쥐꼬리 월급봉투 조등처럼 내거는 집들

두려운 그림자 데리고 어둠 속에 숨는다

물고기 화석

메마른 강바닥에서 비린 문장을 읽는다
큰 손이 바닥을 파헤치고 간 자리
길 잃은 물고기들의
울음이 말라붙은 곳

지느러미 푸른 꿈들 먼지 속에 파묻히고
앙상한 등뼈의 시간
구부정한 그림자
오래된
슬픔 한 방울
썩은 눈에 맺힌다

바람의 아가미가 들썩일 때마다
온몸에 상처들이 가시처럼 돋는다
사대강 등줄기마다
굳어가는 눈물들

출구는 없다

길게 뻗은 복도 끝, 길들이 사라졌다
안개 속을 더듬어 길을 찾던 시간이
꽉 막힌 문과 벽 앞에
한 줌 재로 흩날리나

매일 밤 잠을 자던 동아리방 구석엔
학자금 대출 서류와 즉석복권 두 장뿐
바닥엔 충혈된 연탄만
벌겋게 타오른다

스물둘, 커브 길에서 영영 길을 놓치고
벼랑에 내몰린 어젯밤의 기억들
밤마다 가위눌린 꿈
자꾸 목을 조인다

* 2011년 3월 27일 MBC 뉴스에서는 취업난과 생활고, 학업 스트레스 등의 고충에 시달리며 자살이란 극단적인 길로 내몰리고 있는 대학생들의 소식을 보도했다. 한 해 200명을 넘어선 지 오래고, 전체 대학생의 절반 이상이 자살 충동을 느끼고 있다는 설문 조사 결과도 나온 바 있다.

햄버거

건물과 건물 사이 사내가 끼어 있다

일주일째 야근으로 쌓여가는 담배꽁초 잔뜩 쌓인 불만을 몇 개비째 피우는 사내 며칠을 끙끙대다 사장에게 제출한 접어진 서류 속에 사내가 끼어 있다 꼭꼭 누른 성깔머리, 새치처럼 삐져나와 사람 좋은 웃음으로 공과 사를 덮어두고 짜디짠 월급봉투 기다리는 아내가 봇물 터지듯 내뱉는 잔소리를 떠올리며 고랑 같은 주름을 이마에 새기는 사내, 게시판을 메우는 승진 발령 소식들 자꾸만 미끄러져 깁스한 시간들 과장과 부장 사이에 사내가 끼어 있다

노을과 뒷산 사이에 지는 해가 걸려 있다

이동식디스크

끝없이 펼쳐진 초원, 길의 끝은 어디인가

저 푸른 네트워크를 가로지르는 무리들 암호를 두른 길들이 신기루처럼 나타난다 한 번도 만난 적 없는 별 타람 햇살들, 게르의 침대 위에서 하룻밤을 보내고 또다시 길을 만들며 길을 다시 지우는가 모서리 없는 길들을 밤새워 끌고 간다 사막의 한가운데 멈춰 선 모래시계 사라진 길 위로 꿈들도 흩어진다 하늘에 뜬 별들도 그물처럼 펼쳐진다

끝없이 이어진 길에 너와 내가 갇힌다

빙점

아파트 좁고 긴 통로에 들어서자
나보다 먼저 도착한 어둠이 기다린다

여기는 내 방인가 네 방인가,
찬바람만 둥지 튼 방

누군가 내 방에 허락 없이 다녀갔다
인기척도 들리지 않는 이름들로 도배된

불안한 그림자 하나
창밖을 서성인다

독화살을 맞은 마음, 말들이 새고 있다
유배된 남녀가 부둥켜 울던 저녁에,

두 귀를 틀어막은 벽,
소리들을 지운다

여린 나비 날갯짓에 하늘 한쪽이 무너지고
네게로 가는 문은 단단하게 닫혀 있다

허공이 얼어붙는다,
낯선 너의 뒷모습

조용한 가족
－구제역

마지막 갈비뼈까지 무너져 내린다

내려앉은 길 위를 구르는 비명 소리

풀어진 고삐 밖으로 붉은 피가 흐른다

한평생 쟁기 하나로 쑥대밭을 일구던,

거친 손금 따라서 넘고 넘은 언덕길

파묻고 돌아오는 길을 한없이 되새기고

갈라진 발굽이 찍어놓은 발자국

그 오랜 울음을 송두리째 삼키는

온 마을 휘젓는 바람, 구제역의 소용돌이

끔벅이는 눈망울에 굳어버린 혓바닥

재가 된 풍경 속에 마른 몸을 밀어 넣고

그을려 물집이 잡힌 그리움을 더듬는다

물 먹는 하마

물기를 머금은 채 길들이 저문다

곰팡이로 슬어가는 하루를 마시며

눅눅한 생의 그물을 햇살로 짜던 날들

사람과 사람 사이 지나치던 옷깃들

단내 나는 혓바닥에 비 냄새가 자꾸 난다

온종일 검은 구름이 나의 뒤를 밟았나

종신보험 계약서를 웃으며 내밀면

특약을 운운하며 구겨지던 얼굴들

눈물이 차오르는 저녁, 물소리를 가둔다

동에 번쩍, 홍길동!

동에 번쩍, 서에 번쩍 길동이 나가시네

오늘 아침 첫 출근은 카드 회사 사이트, 회원 가입 신청서에 눈 비비며 앉아 있네 은행 문 열자마자 도착한 길동이, 대출금 계약서를 친절하게 안내하네 주민등록 재발급에 동사무소 방문하여, 호부호형 못 한 한을 서류 위에 풀어놓네 호프를 꿈꾸며 호프집 알바하다 그녀에게 눈이 멀어 콩깍지가 끼길 몇 번, 한동안 정신 차리고 도서관에 다니더니, 언제부턴가 수목드라마 주인공으로 열연하네 다시보기 화면으로 또 한 번 출연하고 학구파로 둔갑하여 고사장에 나타나네 예시된 서명란과 지문 사이를 오가네 길동이 실존했던 인물인가 아닌가 담쟁이넝쿨 타고 도마 위에 오르더니, 전화기 모델이 되어 환심을 사고 있네

당신의 홍길동들이 가방 속에 담기네

분리수거

냄새에 예민한 코들이 벌름거려요
온도에 민감한 혀들이 격리되고

먹다 만 사과의 상처
파리 떼만 윙윙거려요

마스크 쓴 이들이 머리채를 휘어잡고
발길로 걷어차며 구석으로 몰고 가요
엇갈린 알리바이가
낱낱이 공개돼요

전봇대와 담벼락엔 전단지만 휘날려요
차바퀴가 몇 번이나 밀어버린 고양이
오래된 잔털 몇 개가
길 위에 붙어 있어요

즐거운 전화

 노인의 낮잠을 깨는 전화벨이 울린다

 여보시쇼 여, 여보시쇼 어째 암말도 안 한다냐 … 고객님 안녕하세요 한마음우체국입니다 며칠 전 고객님께 소포가 도착하였으나 부재로 인하여 반송될 예정입니다 … 뭔 소린지 하나도 안 들린다냐 쪼깐 크게 말해보쇼 … 다시 듣고 싶으시면 0번, 안내를 원하시면 9번을 눌러주십시오 고객님 안녕하세요 고객님의 소포가 반송되었습니다 … 시방 우리 딸이 뭘 보냈다는 말인갑네 … 고객님 안전한 배송을 위해 물건을 받으실 곳 주소와 전화번호 주민번호 신용카드 번호가 필요합니다 … 우리 집은 고달면 아득리 밥꽃마을 길 가태 떡방앗간 옆집인디 … 전화번호는 …… 주민번호는 …… 감사합니다 고객님 안전한 배송을 위해 신용 정보 확인 후 다시 연락드리겠습니다

 노인은 입이 귀에 걸린 채 수화기를 내려놓는다

2부

혀

  노인이 혼잣말로 하루를 시침질하네 중얼거림에서 시작해 중얼거림으로 홀맺는, 으늑한 골짝의 숲을 한 땀 한 땀 깁고 있네

  틀어진 아귀에서 새나온 불빛들 한적한 골목을 벌겋게 달궈놓고 밤새워 지저귀던 소리 쩌억쩍 달라붙네

  누군가의 두 눈에 모래를 뿌려놓고 방문 걸어 잠근 채 웅크리던 꿈들아 바늘이 돋은 자리를 헤집던 매운바람아

  갈림길 저편에서 넘어오는 한숨 소리 스르르 풀린 슬픔 실꾸리에 되감네 저만치 물러간 해를 한 땀 한 땀 깁고 있네

그림자놀이

불을 켜면 여자는 그림자가 됩니다
밥하고 빨래하며 앉아 있는 여자군요
남편을 기다리면서 시계만 보는 여자

여자는 하루 종일 그림자로 삽니다
남편의 옷을 다려 구김살을 펴주고
먼지 낀 집안 곳곳을 닦고 또 닦습니다

남편의 그늘 아래 밥 먹고 숨을 쉬고
이따금 회식 자리에 그림자로 따라갑니다
남편의 안사람으로만 소개되는 저 여자

불을 끄면 여자는 이 세상에 없습니다
두껍고 단단하게 굳어버린 어둠 벽
그림자, 지워진 자리 자꾸만 돌아봅니다

자기소개서

본인은 실밥 터진 바람 속에서 태어났습니다

 구름처럼 중얼거리며 유년기를 보내고 책장 위 수북한 먼지로 살았습니다 어둠을 덮고 잔 이력만 수십 년째, 떠도는 허무를 모아 안개를 제조하고 졸고 있는 햇살 그러 입상을 했습니다 누군가의 쥐구멍을 들춰주는 꿈을 꾸며 뼛속으로 숨어든 한숨들을 봅니다 삼겹살에 찍혀 있는 합격 도장을 씹으면 하수도 뚜껑 너머로 좁은 하늘이 열립니다 허기진 낱말들도 정식 채용되어 있는 담벼락에 출근하는 담쟁이가 있습니다

 호명된 어둠 속 집들이 하나둘 불 켜는 창

밤의 몽타주

복사기 목울대에 용지가 걸렸다
절반이 잘려 나간
어린 새의 날갯죽지
찢어진 깃털 한 장이
바닥에 떨궈진다

막다른 어둠 속으로 내몰린 야윈 목숨
칼바람 담장 넘어 가슴을 쪼아댄다
전봇대 구인광고지
흩날리는 골목길

어금니로 씹어도 삼켜지지 않는 생
꽁꽁 언 마음에 비수 되어 꽂히던,
날이 선 해고 통지서에
살얼음 깐 시간들

들숨과 날숨으로 바람 이는 길목에서

한 번도 날지 못하고
부러진 갈비뼈
둥지를 틀지 못하는
부랑의 밤이 온다

검은 고양이 네로

창밖으로 고함 소리 담 넘어 들려오고
쓰레기 버려지듯 고양이가 던져졌다
밤새워 울음소리만
대문을 긁어댔다

어둔 골목 전봇대에 웅크린 고양이
썩은 조기 대가리 물고 날카롭게 쏘아보던
섬뜩한 눈빛에 스민
굶주림의 시간들

쓰레기통 속에서 고양이가 기어 나온다
그 깡마른 몸 위로 자동차가 지나가고
생선 뼈 입에 문 채로
빳빳하게 굳어간다

견고한 벽

늙수그레한 길들이 링거 줄로 놓여 있다
노숙의 밤들이 등굴처럼 깊어지자
스르르 풀린 어둠이
벽을 칭칭 감았다

바람의 발길질에도 휘청휘청 흔들리고
온몸으로 받아내다 심장이 깨진 벽
갈라진 살갗 밖으로
한숨 소리 들렸던가

벽은 이제 그만 툭툭 손 털고 눕고 싶다
벽과 벽 사이에 고여 있던 슬픔도
서서히 허물어진다
벽은 아무 말이 없다

집새우게거미

허기진 골목길을 노을이 굽는다

소금기 섞인 소리 출렁이며 담을 넘고

칼바람 가시넝쿨처럼 가슴을 후벼 판다

간빙기의 방 안에서 미동 없이 엎드린 채

등불 하나 기다리며 꼬박 새운 밤이 몇 번

잃었던 길을 더듬어 눈 붉힌 새벽이 온다

온몸을 휘감는 시간, 숨통을 조일 때

허공을 휘저으며 숨죽여 부르던 너

휘우듬 기운 하늘가 멀어지는 불빛들아

거미줄에 걸린 생애, 앙상한 말의 뼈들

몇 개의 빗방울이 방점을 찍어놓은

그 추운 생의 이력서 꼼꼼하게 넘겨본다

그믐의 시간

적막이 번지는 재개발 쪽방촌
부서진 담벼락 아래
차갑게 누운 사내

벼랑 끝,
내몰린 시간이
밥알처럼 떨어진다

주름지고 야윈 목에 칭칭 감긴 전깃줄
얼굴도 지문도 없이 틀니만 남긴 채

깊어서 더욱 추운 강을
혼자서 건넜을까

잃어버린 길을 찾아 끝없이 각 세우며
소주로 달랜 밤이 그림자로 출렁인다

죽음은 내 안으로 가는
출구인가 입구인가

신발도 신분증도 사라진 길 위에
칠십 년, 생 하나가 먼 불빛 멀어진다

외로이
스러지는 목숨
그믐달로 사윈다

편집후기

이달에도 어김없이 밀린 방세가 화두인가
늦어서 죄송하다는 릴레이 편지를 쓰고
밤새워 병나발 불며 긴 사설을 풀었다
이 골목, 화젯거리는 옆집의 화재였다
여자의 자유분방한 상상력에 불 지르고
건조한 세계로 가는 길을 모두 태웠다
지난 계절의 시간은 그를 더욱 괴롭혔다
광기의 소문이 소주잔을 채우고
이번 달 커버스토리를 또 한 번 장식했다
우울한 문장 사이를 아슬아슬 비껴간
중년 여자의 출산 소식을 특집으로 실었다
모두들 대단하다며 축하 평을 날렸다
다음 달부터 동네가 새 단장을 기획한다
다채로운 행사를 선보일 예정이니
당신의 손톱만 한 관심을 간절히 부탁드린다

금 간 시간의 화법

환절기 바닥에 비문이 뒹굴었지

 가면 쓴 남자가 발로 힘껏 걷어찼어 닳아진 구두 굽에 문득문득 밟히는 생각, 생각이 꼬리를 물고 생선 가게로 데려갔지 꽁지 파닥이는 싱싱한 언어들 ㅅㅅㅅ 썰리는 소리 입안에 넣었지 으물오물 씹었지 닭살스런 둔장으로 비릿한 행간에 마침표를 찍으려는데, 술 취한 아저씨가 말꼬리 잡고 늘어졌지 생선 가게 아줌마 고래 같은 입에서 온갖 욕설 고리고래 터져 나오고 말마다 칼집 내고 지느러미 잘라냈지 므이자 대출 광고에 귀가 솔깃해진 낙자, 꿈에서 돈 세는 남자, 빵처럼 부풀어 흥얼거렸지 옆집 사는 신혼부부가 갈라서자며 거울 깼는데, 깨진 거울에서 그녀가 걸어 나왔어 어딘가로 전화를 거는데 구부러진 길도 통화 중 지금은 고객님이 전화를 받을 수 없습니다

 아파트 갈라진 외벽은 어떤 수사로도 메울 수 없었어

바닥

뼈마디 시린 저녁, 입술을 닫은 문들
오지 않던 버스가 어둠을 싣고 올 때
곳곳에 누운 길들이
부스스 일어선다

수십 장의 이력서가 낙엽으로 뒹구는 밤
구부러진 길들이 동굴처럼 깊어지고
갈라진 혓바닥에는
마른침만 고인다

바닥은 한없이 내 몸을 밀어낸다
허공에 매달린 채 사위는 그믐달
그 야윈 등을 떠미는
바람의 손이 맵다

자정을 훌쩍 넘긴 재개발 주택가
고양이 울음소리 담장을 넘나들고

꿈꾸던 그림자 하나
전깃줄에 걸린다

미끄럼틀

 마른기침 소리가 골목길을 넘어온다 대바늘 추위 몇 점 목덜미를 파고들고 구석에 묵시록으로 앉아 해진 밤을 깁는다

 소소한 기억이 엉켜 수챗구멍 틀어막자 출구를 잃어버린 물줄기가 넘쳐흘렀다 물속에 잠긴 말들이 가라앉다 떠오른다

 적막을 끌어안고 새우잠 자던 날들 악몽의 덫에 걸려 부어오른 발뒤꿈치 가파른 길모퉁이로 나는 자꾸 굴러가고……

 끝내 너는 오지 않고…… 불빛은 멀어지고…… 미끄러운 혓바닥, 비탈길에 홀로 서서 장대비 미어오는 소리 먼발치서 듣는다

거미의 길

비좁은 골목길을 한 사내가 걸어가네

비탈진 언덕 끝에 선 허름한 고시촌

마흔 해 추운 성애가 촘촘히 감기네

수없이 미끄러지며 허방 짚던 밤이 깊어

몇 번을 쓰고 지웠던 겨울 일기 한 토막

절망이 자맥질 치며 허공을 기웠던가

조악한 생각 하나가 띄엄띄엄 써 내려간,

그 무성한 그늘을 헤쳐 없던 길을 만드네

천천히 숨을 고르며, 견고한 생을 짜네

금 간 거울

1
그녀의 닫힌 창에
달빛 한 조각 고인다

물기 젖은 시간이
비스듬히 놓여 있는

얇아진 생의 한쪽이
잘려 나간 일기장

2
찢어진 살갗에서
붉은 피가 흐른다

좀처럼 멈추지 않는
내 오랜 울음의 시간

환절기 젖은 바닥에서
꿈틀거리는 눈빛들

따뜻한 슬픔

반신불수 사내가 아내의 등에 업혀
덤불의 시간 헤쳐 출근길을 나선다
이십 년 침묵의 골짝,
구부정한 등줄기

차바퀴에 짓이겨져 조각난 꿈을 끌어안고
분필을 쥐고서도 공처럼 웅크렸던
꿈자리, 젖은 바닥이
흐릿하게 드러난다

잔주름 무성한, 아내의 옥수수밭
알알이 박혀 있는 기억을 풀어놓고
상처를 어루만지는
강물 소리 듣는다

지나온 길의 흔적이 풀숲에 가려진다
밟으면 밟힌 채로 길이 되는 한생을

긴 세월 더듬거리며
안부처럼 묻고 있다

고장난 시계

세 평 남짓 방 안에 적막이 누워 있다
때 절은 빨랫감처럼 먼지뿐인 저 사내
깡마른 아랫도리가
어둠에 눌려 있다

보자기로 싸놓은 철 지난 선풍기
찢어진 날갯죽지, 말라붙은 울음소리
창살의 틈새에 갇힌
흐느낌의 시간인가

열 시와 열한 시 사이 창밖은 더 환해지고
분과 초를 다투어 오고 가는 차량들
유리에 머뭇거리다
멀어지는 불빛 몇 줌

떠나간 이름을 허공에 쓰고 지우다
현관문을 향하여 태엽 풀린 저 사내

자동차 경적 소리만
귓전을 울린다

3부

5월, 그날

숲의 내장
메스로 갈라버린 고속도로

엄마 찾던 새끼 고라니
깜빡이던 눈망울

배 위에
트럭 바퀴 자국
파리 떼만 잉잉댄다

뭉크의 겨울

어디서 흘러왔나
저 붉은 울음은

안개 속을 떠돌던 말더듬이 소년의 꿈

밤새워 폭설이 덮인
유년의 골목길

신음처럼 흐르다 녹아내린 피오르
타인의 침대 위에 뒤척이다 병든 계절

불안한 마음 하나가
훌쩍이며 떠다녔다

오도 가도 못하고 얼어붙은 발자국들
상복 입은 겨울이 거울 밖으로 걸어 나온다

덧칠한 슬픔 한 폭이
눈 시리게 환한 겨울

시조시인 구보 씨의 일일―日

하품하던 해가 지고 두통 같은 저녁이다
스탕달의 연애론을 읽고 가는 밤바람
두꺼운 어둠에 눌려
꽁지를 파닥인다

청량리행 전차에서 내리는 고독들
떠밀린 행렬 속에서 길을 잃은 구보 씨
바람이 넘기는 시집
수면제를 삼킨다

복개된 청계천에 흐르는 행간들
단 한 줄 문장을 위해 골몰하던 밤마다
뼈와 살, 짓이겨 쓰는
저녁놀의 자서전

반쯤 죽은 달빛에게 성냥불을 댕겨주면
행과 연 사이사이 먼지바람 우거지고

두꺼운 안경 너머로
겨울이 또 깊어간다

타인의 방

 밤새 켜둔 컴퓨터가 절전 모드로 바뀐다 어둠 속 파란 눈빛 네 그림자를 쫓다가 몽유의 깊은 도랑에 풍덩 발이 빠진다

 문 열린 옷장에서 누가 걸어 나올까 미간을 찌푸리며 바라보는 검은 벽, 당신은 어느 숲에서 헤매 도는 불빛인가

 침 삼키는 소리 저편, 고요한 파문 일고 오래된 프린터가 날숨처럼 뱉는 자료들 바닥은 나를 밀어낸 또 하나의 벽이다

마음의 사막

시든 희망 한 줄기가
고개를
툭 떨군다

황사가 신기루로 내 앞에 서던 저녁

한밤중
뼈가 우는 소리를
살 속에서 들었다

모래의 몸속으로
들어가던 바람의 무늬

싸늘한 고요 속에
온몸을 담그는 밤

그 봄날, 모래 알들이 책상을 덮는다

별이 빛나는 밤*

사이프러스 언덕 너머, 둥근 문이 있을까

적막을 두드려 유년으로 건너가는

사내의 거친 숨소리가 휘문이로 번져간다

소용돌이치는 바람, 밀밭을 가르고

흐릿한 허공에 먹빛으로 채운 우물

지평선, 아득한 경계에서 별들이 출렁인다

---

* 1889년 고흐의 작품으로 고흐가 죽기 1년 전, 생레미의 정신병원에 입원하여 요양하던 중에 창밖으로 보이는 마을 풍경을 그린 것이다. 현재는 뉴욕의 현대미술관에 소장되어 있다.

도서관에서

 헛디딘 발, 어둠이 서가 아래 누워 있다 황량한 빈 들 지나 너는 어디 있는지 기나긴 행렬을 따라 느리게 가는 책들

 먼저 간 발자국이 흐릿흐릿 지워지고 수천 수만 꿈들이 구릉으로 펼쳐진다 건조한 문장 하나가 까칠하게 씹힌다

 오독의 깊은 수렁 야윈 발목을 붙들고 엇갈린 약속들이 키워놓은 독초들 갈증의 긴 시간을 지나 손을 젓는 생이 있다

 엇갈린 길이 괴여 여러 갈래 길을 낸다 빛바랜 갈피 사이 잦아드는 숨소리 다 젖은 여정을 들춰 네 울음을 만난다

무당거미

강파른* 계단 위에서 한 사내가 내려온다

산발한 머리카락 거미줄 치며 엉겨붙은

아찔한 곡예의 시간 불안하게 끌고 온다

어제처럼 비 내린다, 다 젖은 새벽길

기댈 곳 없는 생이 땅끝으로 밀리면서

허방을 짚던 꿈들이 물방울로 맺힌다

헛발질한 습작기가 파지로 구겨진다

바람에 떠밀려 온 비유를 털어내고

저녁의 모퉁이에서 울음소리 듣는다

칭칭 꼬인 밧줄을 옥탑방에 걸어둔다

나선형의 적막 위로 촘촘하게 길을 내는

먼발치 햇살 한 가닥 스르르 내려온다

* 산이나 길이 몹시 비탈진.

바이러스

갈무리된 생각들이 지워졌다, 순식간에
가닿지 못한 말들 비밀에 부쳐지고
정지된 커서 하나가
그림자로 서 있다

얽히고설킨 넝쿨, 어둠 벽을 더듬는 손
벌레 먹은 사과 하나가 어렴풋이 만져진다
놓친 길, 벼랑을 잡는
희고 작은 손가락

텅 빈 방 내부에는 암호로 깔린 구름
곳곳을 돌고 돌아 소문이 된 이야기들
무성한 속을 가로질러
그 끝을 만나고 싶다

트로이 목마를 타고 달려가는 그의 뒤를
허겁지겁 쫓아가다 발자국을 지운다

빽빽한 가시나무 숲 너머
둥근 문이 서 있다

편백나무 숲에서 길을 잃다

구름이 제 그림자를 길 위에 남기고 갔다
헝클어진 머리카락 밤새도록 너울거리던
그림자 벗어둔 자리,
삭정이의 시간들

무성한 어둠 속에 온몸을 밀어 넣고
마른 담장 너머의 별들을 헤던 밤
우수수 지는 눈물이
바닥을 덮는다

귓속에선 아직도
비명 같은 이명뿐
그 좁은 방 안을 퍼덕이는 까마귀 떼
웅크려 쓰던 편지가
갈기갈기 찢겨 있다

모퉁이를 돌 때마다 길은 더 멀어진다

밤하늘 가로질러 노란 등이 켜지면
저 멀리 오렌지색 불빛
가늘게 새나온다

김유정역*

소복이 내린 눈이 철길 위에 누워 있다
동백나무 아래에서 객혈하던 가을 지나
한겨울 적막에 빠져
잠이 든 간이역

황토색 문장들로 얼룩진 구간마다
병상의 생각**들이 핼쑥하게 앉아 있다
철길 끝, 풍경 속으로
잦아지는 숨소리

이십 대 끝자락에 매달린 네 그림자
금병산 능선 아래로 창백하게 잠기는 달
색 바랜 바람개비만
달을 향해 돌고 있다

* 강원도 춘천시에 있는 경춘선의 철도역. 원래의 역명은 '신남'이었으나, 이 지역 출신의 저명 문인인 김유정을 기념하기 위해 2004년 12월 1일에 역명을 변경했다. 대한민국에서 역 이름이 인물 이름으로 지정된 첫 번째 사례로 꼽힌다.
** 김유정의 작품.

열쇠

너는 이미 떠났을까

단단하게 잠긴 안쪽

지상의 암호들도

서성이다 돌아갔나

비틀면 열리던 사랑

등 돌린 채 말이 없다

폭설에 갇히다

뚫린 하늘
무더기로 쏟아지는 욕설이
길의 경계를 지우며 상처를 숨긴다

눈발은
병든 서른의 골목에
수북이 쌓인다

두 귀가 얼어붙고 손발이 오그라든다
얼음에 박힌 흰 꽃, 유리 조각 삼킨 눈
퍼지는 빛살 한 줄기,
아직은 삼킬 수 없다

냉랭한 목소리, 귓속을 울릴 때다다
뼈 시린 저녁 바람이 살갗을 파고든다
깊어진 적막을 두르고
얼음 문장을 읽는 밤

아달린의 방
-이상李箱을 엿보다

축 처진 어둠이 바닥에 누워 있다
해가 들지 않는 방
저물도록 비가 오고
미닫이 소리에 잠 깨
온몸을 잠그는 사내

아내의 고무신 소리
문밖을 나설 때마다
식은 밥 한 덩어리 구석에 놓여 있다
몽롱한
햇살마저도
창문을 비껴간다

은화처럼 맑은 눈빛, 허공을 떠돌다
비칠비칠 기어 와
냄새를 더듬으며
먼지 낀 벽면을 따라

겨드랑이 뒤척인 날

봉인된 방 안에서 박제가 되어가는
사내의 마른 몸, 흐늑흐늑한 생애가
퇴화된 날개를 꿈꾸며
잠 속을 헤맨다

노을

수면제 알약을 주머니에 담은 날들

파도 소리에 이끌려 온 방파제 끝에서

제 몸을 허무는 소리, 알알이 꾹 삼킨다

살갗으로 터져 나온 바람의 실핏줄

하늘도 상처를 들이 내민 불임의 저녁

주홍빛 슬픔 한 줄기 스멀스멀 번진다

네 그림자 한 자락 허망하게 스러질 때,

바다는 먼발치에서 손목을 잡아끌고

충혈된 눈빛 하나가 문 잠근 채 흐느낀다

깎이는 사과 껍질처럼 속 깊이 웅크리는

살 저미던 바람의 날, 음각의 시간이

둥글게 몸을 말면서 떨어져 담긴다

카프카들

어둠이 흘러내려 눈앞을 가린다

상처 난 등허리에선 고름이 또 흐르고
다 썩은 사과 냄새가 부풀어 올랐다

캄캄하고 조용한 이 들판은 어디인가

무성한 꽃, 이파리들도
한 계절을 버리고

멀리서 개 짖는 소리만
스멀스멀 기어 온다

빈 들판 한가운데 바람을 막던 나무

온몸에 들끓는 벌레
그루터기를 덮는다

다 늙은 바람의 주름살, 나이테를 그린다

4부

잃어버린 거울

적막이 스멀스멀 번져가는 좁은 방 안, 남편과 아이 사이에 시르죽은 그녀가 있다 쉰 넘어 가늘어진 생 실꾸리에 감긴다

물때 낀 나날을 닦고 또 닦는 여자 거칠고 마른 입술 들썩일 때마다 새나온 깊은 한숨으로 아침을 짓는다

작년 가을 어귀에서 그이 떠나보내고 한참을 에돌아 와 다시 앉은 그 자리, 슬픔에 절여진 꾼이 덩그러니 놓인다

안으로 빗장 지른 밤들이 우거진다 걸어온 길은 모두 까맣게 지워진다 그 옛날 청동 거울 속 멀어지는 풍경 하나

물방울에게 길을 묻는다*

몇 개의 빗방울에
젖은 너는 떠났다

밤에 홀로 째깍이는
벽시계의 고독처럼

심장에 박힌 말들이
소문처럼 번진다

젖을수록 또렷해지는
초침 소리 물소리

한 밤을 울고도
울음 태엽 풀지 못한

물에게 길을 물으며

눈물을 헹궈낸다

* 테드 휴즈의 시 「경험이 있는 자는 물방울에게 길을 묻는다」에서 인용.

슬픈 식욕

사내는 닥치는 대로 음식을 삼킨다
슬픔이 입안 가득 부풀어 오르면서
터질 듯 팽팽해지는
콧잔등이 시큰하다

마지막 떠난 길은 언제나 축축하게 젖는다
억지로 삼킨 울음 허공을 맴돌 때
어둠을 닦는 소리가
긴 밤을 흔든다

좁디좁은 골목길, 허기가 밀려온다
찢어진 잎들이 발길에 차이고
살며시 풀린 두 눈에,
스르르 잠기는 달

구름이 슬픔 몇 조각 떼어 물고 떠나간다
벼랑 끝에 매달린 물기의 시간 너머

울음이 덧난 자리가
별이 되어 박힌다

주름

장맛비가 다녀간 뒤
젖은 길이 주름졌다

구겨진 하늘 자락, 짓무른 능선 사이
충혈된 노을 하나가 조용히 눈 감았다

한 줌 재로 돌아온 아버지를 품에 안고
우물처럼 들여다본
당신의 방,
당신의 눈빛
실핏줄 드러난 몸에 늘어가던 주름들

떠나가는 것들은 다 주름으로 남는 걸까
마음 바닥 한가운데
잔물결로 일렁이던
유골함 보자기에서 흘러내린 주름들

아버지, 마른 몸을 기억 속에 묻은 날
아코디언 주름처럼
늘었다 줄어든 삶
허기져 구부러진 길도 계단이 되어가나

개기일식

살짝 열린 문틈에서
빛줄기가 새나온다

등이 굽은 여자가 성근 밤을 기운다 가리고 또 가려도 삐져나온 옆구리 살, 무릎 통증 돌아누워 아침을 꿈꾸다 작년 이맘때 하늘로 간 그이를 부르고 그이 위해 곰국을 끓이다 태워버린 냄비 바다 박박 긁던 기억을 풀어낸다 온 식구 둘러앉아 밥 먹던 기억이 희미해, 숯불에 굽던 고기 몇 점 순식간에 없어지던 그 여름도 지워지고 쓰다 남은 물건을 차곡차곡 가방에 담고 귀퉁이에서 중심으로 지퍼를 올린다 무거운 가방을 메고 절룩절룩 빠져나와, 불 꺼진 방 돌아보는 등이 굽은 저 여자

떠나온 길을 지우며 문을 꼭꼭 닫는다

겨울, 안부를 묻다

미닫이 문틈으로 겨울바람 쏟아진다

얼어붙은 창마다 눈발들이 다녀갔나

추억은 바람막이 비닐
창문을 감싼다

누군가 기다리며 문을 닫아걸었던가

어둠에 대고 속삭이듯 너의 안부를 묻는다

소복이 쌓인 눈밭에
그림자 긴 가로등

손금

지나온 길들이 가지처럼 휘어졌다
닳아진 뒤축으로 끌고 왔을 길 하나
가뭄에 금이 간 바닥,
때 절은 이랑들

칠십 고개 넘어가는 가파른 길목에서
갈라진 손바닥으로 주워 모은 폐지들
새벽녘,
어스름의 행간을
눈 비비며 읽는다

끊어질 듯 이어진, 아스라한 길을 지나
가쁜 숨을 내쉬며
수레를 끌었던가
한낮엔
손바닥 위에
그물 짜는 햇살들

물고기자리

물고기 등뼈 같은 내 전생이 떠 있네
하늘 주름 사이로 얼비친 지느러미
구름의 그늘에 가려
비릿하게 사라지네

거친 물살 속에서 파닥이던 시간들
저 깊은 바닥에도 그리움이 자라는지
아가미 들썩일 때마다
헤엄쳐 오던 눈들

뼈 시린 문장을 허공에 새기는 밤
어둠이 번진 자리를 가만히 들춰보네
불거진 슬픔 하나가
낚싯줄에 걸려 있네

저물녘의 시

 모퉁이를 돌아서자 모든 것이 사라졌다 시간의 동선을 따라 재빠르게 쫓아갔으나 당신은 노을을 끌며 산 너머로 가고 없다

 몇 개의 별들이 어둠을 데리고 왔다 어둠이 소용돌이치며 눈앞을 가로막자 가려진 시야 사이로 그림자가 어른거린다

 빠져나온 말들이 허공에 달라붙는, 이 겨울의 언어를 폐부 깊이 새기리라 뼈마디 시린 말들이 그믐께로 기운다

펜

말을 잇지 못하고 그녀는 떠났다

끝끝내 못다 한 말, 입술에서 말라간다

슬픔은 막힌 길목에서
자라나는 것일까

더듬더듬 읽히는
굳어버린 혈관들

당신의 말 받아 적던
기억들은 다 보내고

불 꺼진 형광등에는
까맣게 탄 자국 하나

그믐달

기다림은 그리움이 어둠 속에 익은 것이다

다시 도진 몽유병인가
고향 소식 들으며

저문 밤
문밖을 나서는
저 아슬한 뒤꿈치

무화과 열매의 꿈

늦여름 창밖은 무화과로 익어간다
당신이 떠난 계절, 혼잣말하는 잎들
대궁에 피어난 눈물
진액으로 흐른다

눈 감으면 들려오는 바람의 목소리
속살을 들추던 그 비밀의 울음을
둥그런 잎사귀 속에
숨어 살며 견뎌왔나

반쯤 열린 문 부으로 노을이 부서진다
눈꺼풀 속에도 붉게 물든 노을빛
만지면 짓물러지는
또 하루가 지나간다

둥근 거울

모서리 닳아진 가구들이 늘어선 방

낡은 침대 앉은뱅이책상, 다리 저는 의자까지

중심을 세우기 위해 지워져 간 모서리

모래밭에 빠지는 팍팍한 걸음마다

힘겹게 끌고 오는 아버지의 거친 숨결

바닥을 딛고 일어선 뼈마디가 시리다

입구도 출구도 없는 그 둥근 방에 갇혀

오랜 시간 홀로 부른 슬픈 노래 한 소절

길들은 실타래 돌려 지난 시간 되감는다

몽고반점

엉치뼈 깊숙한 곳 푸른빛이 고여 있다
여린 살갗 밖으로 터지던 울음소리
스무 해 하늘가에도
비구름만 가득하다

매일 밤 초원 너머
지평선에 닿고 싶어
초원에 앉아 있던 풀 냄새가 일어설 때
목마른 시간 한 올이
자꾸만 삐져나온다

어둑한 새벽을 건너
마음의 고삐를 풀면
아릿한 유년의 창에
푸른 눈이 움틀까
투명한 빛 한 자락이 창문을 넘어온다

| 해설 |

현실 사회의 아픔을 보듬는
시인의 따뜻한 눈길

이승하 시인·**중앙대** 교수

오늘날 시인의 위상은 예전과 많이 다르다. 혼자 말하고 혼자 즐기는 시인이 너무 많다. 서정시라는 것이 애당초 자아와 세계의 동일성을 추구하는 것이긴 하지만 이 땅의 시인들에게 언제부터인가 개인주의적 경향, 아니 자폐적 경향이 구제역처럼 번지고 있다. 일제강점기 때 몇몇 시인은 지사를 꿈꾸기도 했었고 다수의 시인이 친일파를 자처하고 나서기도 했다. 한때는 이데올로기 투쟁에 시가 도구로 이용되기도 하였다. 우리 문학사에 있어 시가 전성기를 구가했던 1980년대의 시인 중에는 뛰어난 현실 풍자가가 있었고 재담가가 있었고 독설가도 있었다. 시의 해체를 꾀한 실험가도 있었다. 절대 순수를 지향한 이도 '무의미'의 방을 나와서 한 명 사회

적 인간으로서 도스토예프스키에게 들리기도 했었다. 그런데 지금은 상당수 시인들의 독백에 독자들도 문학평론가들도 귀를 기울이지 않고 있다. 혼자서 말도 안 되는 소리를 중얼거리고 있으면 정신병자로 오인되기 쉬운데, 이 땅의 많은 시인이 이 화려한 영상 매체의 시대에 영혼 없는 시를 쓰고 있는 것은 아닌지 심히 우려된다. 바로 이러한 때에 이송희 시인의 시를 읽는 일은 각별하다. 지금부터 그 이유에 대해 말해보고자 한다.

간밤엔 벼룩에게도 간 빼 먹힌 사내가

굶주린 밤 움켜쥐고 벽을 향해 기어가서 앓아누운 용왕의 전화번호를 찾는다 간 팝니다 물기 젖은 간, 수궁가를 부르는 간, 전화기 속 별주부가 그의 간을 자르고 연체된 이자와 한숨까지 자를 때 콩알만 해진 간으로 전화기를 놓는 사내, 두 살 아이 분유통을 물끄러미 바라보다 몇 달 밀린 방세를 생각하며 다시 또 전화 걸고⋯⋯

햇살에 널어 갈리던 간, 온몸을 휘감는다
―「토끼의 간」 전문

사내는 이 땅의 가난한 실업자 가장 중 한 사람이다. 두 살 아기에게 먹일 분유가 떨어져 가고 있고 월세방 방세도 몇 달 치 밀려 있다. 궁여지책으로 생각해낸 것이 장기臟器 판매이다. 「별주부전」을 보면 용궁의 자라는 토끼의 간을 구하러 육지로 나온다. 고전 설화를 응용한 이 시에서 시인은 사내의 처지를 두고 "벼룩에게도 간 빼 먹힌 사내", "앓아누운 용왕의 전화번호", "햇살에 널어 말리던 간"을 운운하면서 농담하듯이 말하지만 그 속사정은 여간 딱하지 않다. 자신의 장기를 사 갈 용왕(?)에게 SOS를 치듯 전화를 하는 가장의 절박한 사정이 안타깝다. 실업의 아픔을 다룬 시로 「아포리아 숲」도 있지만 직장을 갖고 있다고 하더라도 언제 실업자가 될지 모르는 노동자의 불안을 다룬 시가 눈에 뜨인다. 쌍용자동차나 한진중공업 같은 대규모 사업장의 정리해고 사태는 사실 빙산의 일각이다. 수많은 제조업체에서 어느 날 갑자기 사업장 밖으로 내쫓기는 근로자가 부지기수일 텐데, 이송희는 그들에게 스포트라이트를 비춘다.

건물과 건물 사이 사내가 끼어 있다

일주일째 야근으로 쌓여가는 담배꽁초 잔뜩 쌓인 불만을 몇 개비째 피우는 사내 며칠을 끙끙대다 사장에게 제출한 접어진 서류 속에 사내가 끼어 있다 꼭꼭 누른 성깔 머리, 새치처럼 삐져나와 사람 좋은 웃음으로 공과 사를 덮어두고 짜디짠 월급봉투 기다리는 아내가 봇물 터지듯 내뱉는 잔소리를 떠올리며 고랑 같은 주름을 이마에 새기는 사내, 게시판을 메우는 승진 발령 소식들 자꾸만 미끄러져 깁스한 시간들 과장과 부장 사이에 사내가 끼어 있다

  노을과 뒷산 사이에 지는 해가 걸려 있다
  ―「햄버거」 전문

이 시의 주인공은 건물과 건물 사이에 끼어 있다. 과장과 부장 사이에 끼어 있다. "며칠을 끙끙대다 사장에게 제출한 접어진 서류 속에" 끼어 있기도 하다 그래서 제목이 빵과 빵 사이에 야채와 고깃덩이가 끼어 있는 '햄버거'가 되었다. 그런데 이 시의 핵심은 "승진 발령 소식들 자꾸만 미끄러져 깁스한 시간들"에 있다. 일주일째 야근을 해도 사내는 그 어떤 부류에 끼어 있지 못하다가 승진 발령은커녕 퇴출될 신세가 된다. 노을과 뒷산 사이에 지는 해가 걸려 있듯이 사내는 지는 해의 신세다. 즉, 나이를 속일 수 없다. 「토끼의 간」이 실직 가장을 다룬 시라면 「햄버거」는 정리해고 직전의 가장을 다룬 시다. 두 도 시의 공통점은 사설시조 같다는 것. 제1연

과 제3연이 시조의 형식을 지키고 있으므로 가운데 연을 사설로 간주한다면 두 작품은 현대의 사설시조인 셈이다. 시조는 정형의 제한이 있기에 시상을 자유롭게 전개하기 어렵다는 보통 사람들의 고정관념을 멋지게 깨뜨리고 있다. 다수의 시가 사설시조의 모양을 취하고 있기 때문에 오히려 더욱 견고하게 시의 탑을 세울 수 있는 것이다. 이번에는 자기소개서를 수도 없이 써야 하는 이 시대 젊은이들의 슬픈 초상을 보자.

   본인은 실밥 터진 바람 속에서 태어났습니다

   구름처럼 중얼거리며 유년기를 보내고 책장 위 수북한 먼지로 살았습니다 어둠을 덮고 잔 이력만 수십 년째, 떠도는 허무를 모아 안개를 제조하고 졸고 있는 햇살 그려 입상을 했습니다 누군가의 쥐구멍을 들춰주는 꿈을 꾸며 뼛속으로 숨어든 한숨들을 봅니다 삼겹살에 찍혀 있는 합격 도장을 씹으면 하수도 뚜껑 너머로 좁은 하늘이 열립니다 허기진 낱말들도 정식 채용되어 있는 담벼락에 출근하는 담쟁이가 있습니다

   호명된 어둠 속 집들이 하나둘 불 켜는 창

―「자기소개서」 전문

 이런 자기소개서를 썼다가는 100번 도전에 100번 실패할 것이다. 이 시는 전체가 하나의 은유이다. 시적 화자는 자기를 이렇게 소개한다. 책장 위 수북한 먼지로 슬았다고, 어둠을 덮고 잔 이력만도 수십 년째라고. "허기진 날말들도 정식 채용되어 있는 담벼락에 출근하는 담쟁이가 있습니다"라고 썼지만 이런 자기소개서를 쓴 본인은 정식 출근하지 못하고 있는 것 같다. 시인은 "수십 장의 이력서가 낙엽으로 뒹구는 밤"(「바닥」)이라며 취업난에 허덕이는 대졸 실업자들의 처지를 안타까워하기도 한다. 간신히 어느 회사에 입사했다고 해서 안심하고 있을 수는 없다. 때가 되면 생각도 못한 "날이 선 해고 통지서여 / 살얼음 깐 시간들"(「밤의 몽타주」)을 보내게 된다.
 거의 절대다수의 시인들이 현실 사회의 아픔을 외면하고 자신의 내면세계 탐색에 골몰하고 있는 우리 시단의 현 상황에서 이송희 시인의 이런 이웃에 대한 꾸준한 관심, 사회에 대한 비판적 시각은 드문 현상이기에 주목하지 않을 수 없다. 조선조 중기, 좁혀 말해 임진왜란 이후 전통적인 시가 형식은 서얼을 포함한 평민 이하의 계층과는 완전히 동떨어진 문학이었다. 그때 나타난 것이 사설시조였다. 평시조에서 두 구 이상 틀을 벗어나 그 자수가 각각 열 자 이상으로 늘어난 사설시조의 독특한 형식은 일반적으로 초장과 종장이 짧고, 중장이 대중없이 길다. 종장의 첫 구만이 겨우 시조의 형태를 지니는 것과 3장 중에서 2장이 여느 시조보다 긴 것도 있다. 엄밀히 따져서 사설시조란 음악적인 리듬에 따라서 분류한 시조 형식의 하나로서, 길어진 중장에서 연장법延長法을 써가며 반음정 등을 넣어 변화 있게 불렀기에 틀에 구애받지 않는 자유로움이 있었다. 형식에 구애받지 않고 자수가 자유롭기 때문에 평시조처럼 관념적이고 고답적인 것이 아니라 주변 생활이 중심이 되었고, 욕설과 외설, 재담과 농담 등을 서슴없이 대담하게 묘사하였다. 형식 또한 민요·가사·대화 등이 뒤섞여 자유로운 장르로 변하였다.

이와 같이 사설시조는 인간 생활의 실상을 사실적으로 담아내게 되었는데, 이런 유형의 시 가운데 시인의 유머 감각이 십분 발휘된 시로 「즐거운 전화」가 있다. 중장이 시골 노인네와 사기꾼의 통화 내용이다. 그 통화 내용이 우스꽝스러워 키득키득 웃게 된다. 입가에 웃음이 지어지지만 사기꾼들이 동에 번쩍 서에 번쩍 하는 우리 사회의 슬픈 단면이기에 미소는 곧 쓴웃음으로 바뀐다. 이와 비슷한 사기 전화가 끊임없이 우리의 생활을 파고들고 있는 비정한 세태에 대한 풍자가 재미있기도 하지만 씁쓸한 모멸감도 안겨준다.

오늘날 이런 사설시조의 정신을 계승하고자 하는 이들이 모여 '현대사설시조포럼'을 만들어 매년 사화집을 발간하면서 활동하고 있는데 시인도 그들의 일원인 것으로 안다. 해학과 풍자의 사설시조 형식이 아니더라도 시인은 이 땅의 소외 계층에 대한 관심의 끈을 한순간도 놓지 않는다. "비좁은 골목길을 한 사내가 걸어가네 // 비탈진 언덕 끝에 선 허름한 고시촌 // 마흔 해 추운 생애가 촘촘히 감기네"(「거미의 길」) 같은 구절은 대단히 상징적이다. '나이 마흔인데 어찌하여 고시촌에?'라고 의아하게 생각할 수 있겠지만 이것은 엄연한 현실이다. 우리 문학사에서 지식인 실업자의 위상은 이상의 소설에 가장 뚜렷이 나타나 있는데 '이상李箱을 엿보다'를 부제로 한 아래의 시를 보자.

　　봉인된 방 안에서 박제가 되어가는
　　사내의 마른 몸, 흐늑흐늑한 생애가
　　퇴화된 날개를 꿈꾸며
　　잠 속을 헤맨다
　　—「아달린의 방」 마지막 연

　수면제 아달린을 먹고 잠든 사내의 흐늑흐늑한 생애는 식민지의 질곡을 겪을 때나 지금이나 조금도 다를 바 없이 우리 사회에 미만해 있다고 시인은 이야기하고 싶은 것이다. 직업 없이 무위도식하며 살아가는 사내는 밤이나 낮이나 시도 때도 없이 잠을 잔다. "바람이 넘기는 시집 / 수면제를 삼킨다"(「시조시인 구보 씨의 일일―日」), "수면제 알약을 주머니에 담은 날들"(「노을」) 등 '수면제'라는 시어를 동원한 다른 시를 봐도 지금 이 시대는 숙면의 시대가 아니라 불면의 시대이다. "둥지를 틀지 못하는 / 부랑의 밤이 온다"(「밤의 몽타주」)고 하니 어찌 편히 잠들 수 있으랴.

시인이 많은 관심을 기울이고 있는 또 하나의 계층은 대학생이다. 시인 자신이 지금 시간강사의 신분이기에 대학생들에 대한 형상화는 당연하다고 할 수 있을 것이다. 아무튼 대학만 졸업하면 취직이 되는 것이 아니라 대다수 대졸자가 실업자의 대열에 서니 희망찬 미래를 설계하며 학업에 매진하는 것이 쉽지 않다.

> 길게 뻗은 복도 끝, 길들이 사라졌다
> 안개 속을 더듬어 길을 찾던 시간이
> 꽉 막힌 문과 벽 앞에
> 한 줌 재로 흩날리나
>
> 매일 밤 잠을 자던 동아리방 구석엔

학자금 대출 서류와 즉석복권 두 장뿐
바닥엔 충혈된 연탄만
벌겋게 타오른다

스물둘, 커브 길에서 영영 길을 놓치고
벼랑에 내몰린 어젯밤의 기억들
밤마다 가위눌린 꿈
자꾸 목을 조인다
―「출구는 없다」 전문

  대학생들은 일단 전액 장학금을 받지 않는 한 학비 조달이 어렵다. 부모가 학비를 대줄 경제적 능력이 없으면 본인이 학자금 대출을 받거나 아르바이트를 해야 하는데 전자는 고스란히 빚이고 후자는 학업에 큰 지장을 준다. 가까스로 졸업장을 받으면 사회가 일자리를 준비하고 있는가? 천간의 말씀이다. 대입보다 더 치열한 취업 경쟁의 대열에 서야 한다. 1, 2년 준비하면 취업이 되는가? 이 역시 천만의 말씀이다. 대학 생활의 끝은 복도의 끝이리라. 복도 끝에 이르면 길이 사라지고, 꽉 막힌 문과 벽 앞에서 한 줌 재로 흩날릴 생각을 하면 암담해진다. 시의 마지막 연에 이르러 시인은 커브 길에서 영영 길을 놓친 대학생, 악몽에 시달리는 그 대학

생의 극한상황을 보여준다. 「동에 번쩍, 홍길동!」은 취업 전선에 뛰어든 이 땅 젊은이들의 모습을 보여주면서 전개되는데, 쓴웃음을 입가에 머금게 하는 현실 풍자시다. "호프를 꿈꾸며 호프집 알바하다"가 "학구파로 둔갑하여 고사장에 나타나"지만 끝내 "당신의 홍길동들"은 "가방 속에 담기"고 만다. 시인의 사회 비판과 현실 풍자의 시각이 첨예하게 드러나 있는 시가 또 한 편 있다.

입에 발린 말들이 껌처럼 들러붙었지

낙하산 탄 사람들이 자리 깔고 앉아서 학연과 지연에 얽힌 내력을 풀고 있지 질기디질긴 연들을 하늘 높이 띄웠지 연결어미로 이어진 시간의 계보들 휘날리는 문장력에 수울~술 넘어갔지 얼레에 감긴 하루를 수울~술 풀어 날렸지 단물이 빠질 때까지 질근질근 씹던 문자 뒤얽힌 생각 몇 줄을 풀고 또 풀었지 입에 발린 말들 뒤로 달라붙는 혓바닥

익숙한 길들만 모여 똬리를 트는 밤
―「뫼비우스 띠」 전문

이 시를 통해 시인은 우리 사회의 구조적 도순이 어디에서 연유하고 있는지 말해주고 있다. "낙하산 탄 사람들이 자리 깔고 앉아서 학연과 지연에 얽힌 내력을 풀고 있지"란 구절을 읽고 통쾌함을 느끼는 독자는 나만이 아니리라. 우리 사회를 흔히 '금전만능의 사회'라고 하지만 그보다도 학연과 지연의 고질적인 뿌리가 사회 발전을 저해하고 있다. 용기도 좋지, 젊은 시인이 어쩜 이렇게 입바른 소리를 잘하는지 시집을 읽다 보면 신이 난다. '사대강'을 언급한 두 편의 시를 보자.

어둠 속에 있을 때면 두 눈에 빛이 나지

탐욕의 눈 반짝이며 냄새를 따라가다 쥐약 묻은 생선 머리 식욕을 저당 잡혀 한 토막 황홀함과 불안감을 씹는다 사대강 물줄기 따라 흘러가는 반값 등록금 모두가 잠든 마을 쥐 죽은 듯 조용한 밤 날카롭게 갉는 소리, 대들보 허무는 소리, 눈 못 뜬 바람들만 청계천어 흘러들고 쥐꼬리 월급봉투 조등처럼 내거는 집들

두려운 그림자 데리고 어둠 속에 숨는다
―「곰마우스」 전문

시인은 우리 사회의 모순이 "사대강 물줄기 따라 흘러가는 반값 등록금"과 "대들보 허무는 소리", 그리고 "눈 못 뜬 바람들만 청계천에 흘러"드는 것에 있다면서 솔직하게, 과감하게 지적한다. "쥐꼬리 월급봉투 조등처럼 내거는 집들"이 은유하는 비판의식은 침묵하는 지식인들에게 쏘아 보내는 비판의 불화살이 아니고 무엇인가. 공적자금이 사회복지 사업이나 빈부 격차의 해소에 사용되지 않고 사대강 개발에 대거 투입되는 것을 우리 사회의 모순이라고 지적하는 시인의 용기에 큰 박수를 보내지 않을 수 없다. 왕조시대의 사대부 계급은 상소문 한 장을 임금 뜻에 반하게 썼다가 귀양을 가기도 했고 목숨을 잃기도 하였다. 자기만 고통을 겪었던 것이 아니라 온 가족이, 한 가문이 함께 수난을 겪기도 했다. 그렇지만 할 말은 하고 살았던 올곧은 양반들의 용기를 이송희 시인이 보여주고 있다.

> 바람의 아가미가 들썩일 때마다
> 온몸에 상처들이 가시처럼 돋는다
> 사대강 등줄기마다
> 굳어가는 눈물들
> ─「물고기 화석」 마지막 연

과거의 '민중시'는 주의 주장이 강하다 보니 시로서의 위의를 갖추지 못하고 직설적인 항변에 그치는 경우가 많았다. 그런데 이송희의 시는 뚜렷한 비판의식을 견지하면서도 작품으로서의 품격을 잃지 않고 있다. 이 점 또한 시인이 과거의 민중시인들과는 다른, 자기만의 영토를 확보할 수 있도록 한다. 고통당하는 자들에 대한 관심이라는 측면에서는 같지만 이송희의 시는 조용한 가운데 강한 움직임이 있다. '구제역의 소용돌이'를 다룬 시를 보자.

　　마지막 갈비뼈까지 무너져 내린다

　　내려앉은 길 위를 구르는 비명 소리

　　풀어진 고삐 밖으로 붉은 피가 흐른다

　　한평생 쟁기 하나로 쑥대밭을 일구던,

　　거친 손금 따라서 넘고 넘은 언덕길

　　파묻고 돌아오는 길을 한없이 되새기고

갈라진 발굽이 찍어놓은 발자국

그 오랜 울음을 송두리째 삼키는

온 마을 휘젓는 바람, 구제역의 소용돌이

끔벅이는 눈망울에 굳어버린 혓바닥

재가 된 풍경 속에 마른 몸을 밀어 넣고

그을려 물집이 잡힌 그리움을 더듬는다
―「조용한 가족-구제역」 전문

구제역을 소재로 한 시가 최근에 문예지에 간간이 실리고 있는데, 그 어떤 작품도 이 작품의 견고함과 깊이를 넘어서는 것이 없었다. 이 시는 소재 취재의 차원에 머물지 않고 있다. 이 나라 축산농을 비롯한 농민 모두의 아픔을, 구제역을 앓고 있는 말 못하는 짐승 전부의 아픔을 절제된 언어 속에 함축적으로 담아내고 있는 감동적인 작품이다. 시라는 것이 말을 주저리주저리 늘어놓는 것이 아니라 시라는 광주리에 가장 적절한 분량으로 담는 것임을 이런 시를 보며 다시

금 확인하게 된다.

  시인의 관심사는 여성의 자기 지위 확보로도 이어지고(「그림자놀이」), 역사의 뒤안길로 사라져가는 광주민주화운동이 대한 반추로도 이어진다(「5월, 그날」). 「견고한 벽」과 「그믐의 시간」 같은 시에서는 생의 구석으로 내몰린 노숙자들의 암담한 현실을 찬찬히 살펴본 결과를 담아내기도 한다. 이웃의 아픔을 보듬느라 자신의 아픔은 뒷전이었던 시인이 「주름」과 「둥근 거울」에서 아버지를 등장시킨다.

  모래밭에 빠지는 팍팍한 걸음마다

  힘겹게 끌고 오는 아버지의 거친 숨결

  바닥을 딛고 일어선 뼈마디가 시리다
  ―「둥근 거울」 부분

  한 줌 재로 들아온 아버지를 품에 안고
  우물처럼 들여다본
  당신의 방,
  당신의 눈빛
  실핏줄 드러난 몸에 늘어가던 주름들

―「주름」제3연

 화자의 아버지는 어촌 사람 같다. 어부면 배를 타고 바다로 나갈 텐데 모래밭에 빠진다고 했으니, "팍팍한 걸음"은 상징적인 표현일 것이다. 노동의 나날을 보내다 병들어 죽은 아버지는 비단 시인의 아버지만은 아니다. 이 땅 수많은 아버지들의 초상을 시인이 대신해서 그렸을 뿐이다. 이 나라 장삼이사의 아픔을 위로하고 슬픔을 함께 나누고자 하는 것이 이송희 시인의 가장 기본적인 시정신이라고 할 수 있을 것이다. 그런 점에서 시인은 이백의 낭만주의적 경향보다는 두보의 현실 참여 의식에 시정신의 뿌리가 닿아 있다고 봐야 한다. 눈 밝은 독자라면 편편의 시에서 현실 사회의 아픔을 보듬는 시인의 따뜻한 눈길을 느낄 수 있을 것이다.
 시집의 후반부에 가면 상황에 대한 직접적인 대결 의식보다는 생로병사와 희로애락 등 보다 근원적인 문제에 천착한다. 앞쪽의 시들이 서사성이 강한 반면 뒤로 갈수록 서정성이 강해지는 것도 눈여겨봐야 할 대목이다. 독자에 따라서는 후반부 시의 깊이를 더 소중히 여길 수도 있을 것이다. 하지만 허용된 지면이 다 차서 후반부의 시에 대해서는 자세히 논하지 못했고, 언급하지 못한 부분은 독자가 잘 살펴보시기 바란다. 거듭 말하거니와, 다행스러운 것은 이송희 시인의 작품이 시위 현장에서의 외침처럼 새된 목소리가 아니라는 점이다. 가급적이면 목소리의 톤을 낮추되, 비판의식의 안테나는 꼿꼿이 세우고 있다. 현실에 대한 지속적인 관심도 좋고, 현실의 시적 반영도 좋지만 자칫 잘못하면 소재주의에 빠질 위험이 있으니 두보의 시처럼 만인의 심금을 울리면서도 '당대'라는 시간의 벽을 넘어 10년 뒤에도 100년 뒤에도 읽히는 시가 되었으면 좋겠다. 시대를 초월하는 시가 되기 위해서는 내공을 더욱 견고하게 다져나가야 할 것이다. 아무튼 군더더기가 전혀 없는 이송희 시인의 절제의 미학이 현실의 상징화 작업을 통해 더욱 빛을 발할 날이 올 것을 믿으며, 그날이 오기를 듯 독자와 더불어 기다려보기로 한다.

아포리아 숲

초판 1쇄　2011년 10월 12일
지은이　이송희
펴낸이　김영재
펴낸곳　책만드는집

주소　서울 마포구 합정동 428-49번지 4층 (121-887)
전화　3142-1585·6
팩스　336-8908
전자우편　chaekjip@naver.com
출판등록　1994년 1월 13일 제10-927호
ⓒ 이송희, 2011

* 이 책의 전부 또는 일부 내용을 재사용하려면 사전에 저작권자와
  책만드는집의 동의를 받아야 합니다.
* 잘못 만들어진 책은 구입하신 서점에서 교환해드립니다.
* 이 시집은 2010 서울문화재단 문학창작활성화 지원금으로 발간되었습니다.

ISBN　978-89-7944-374-5 (04810)
ISBN　978-89-7944-354-7 (세트)